반이 유언년 시집

껍질 속에 무늬가 있다

제3의 문학

시집을 내며

작은 나무 한 그루 가슴에 심었습니다. 나무는 하늘을 붙잡고 구름을 먹고 살았습니다. 바람과 걸으며 부러지는 가지와 아픔도 있었습니다. 내일은 가고 또 오늘을 말하고 싶었습니다. 영혼을 달래주던 것이 슬픈 물결이기도 했습니다. 그것이 삶의 열병이라는 것을 시간이 저만치 가서야 알았습니다.

생각이 납니다. 어릴 적 마을 앞 쪽다리에 버드나무 두 그루가 마주 보고 있었습니다. 연인목이라 이름을 지어주었습니다. 그 날의 달밤에 오갈 때면 그림자를 떠다밀며 당기며 말을 걸어 왔습니다. 어쩌면 그 밤이 유월의 장미로 피었는지도 모릅니다.

시월의 국화꽃 살결을 품고 달빛 숨어드는 창가로 시샘을 한 적도 있었을 겁니다. 비로소 그 추억과 발자국 소리는 "껍질 속에 무늬가 있다"로 마음에 물감을 들였습니다. 정말 기쁩니다.

다시 장미꽃이 피는 오월에

반이 유 언 년

차 례

| 序文 | · 3

제1부_ 억새는 흔들리고 있다

기다림에 이유는 없다 · 11
호반에 아침은 · 12
기다림에는 생명이 있다 · 13
바람개비의 전설 · 14
7월에는 · 15
산수유가 지고 있을 · 16
낮 달맞이의 삶 · 17
산딸기 · 18
마데카솔의 연가 · 19
억새는 흔들리고 있다 · 21
원추리꽃 사랑 · 22
그리움은 바람 · 23
흙물 · 24
봄의 숨소리 · 25
장님의 노래 · 26
바람 · 27
새벽 · 28
자작나무 · 29
백옥주사의 난 · 30
어머니와 장미 · 31
용서하지 마옵소서 · 32
당신의 입술은 · 34
남자 붕어 · 35

차 례

덧버선 · 36
강가에서 · 37
울릉도의 아침 · 39
겨울나무 · 41
다시 피어나는 것은 · 42
그날에는 · 43
껍질 속에는 무늬가 있다 · 44
깊은이 · 45

제2부_ 달은 창문에 뜬다

D.m.z · 49
라즈돌리에 역에서 · 50
달은 창문에 뜬다 · 51
통일 염원 · 52
아들아! · 54
유월을 맞아 · 56
하얀 목련은 · 57
새벽은 오고 있는데 · 58
단비 내리던 날 · 60
작은 나무 · 61
지금 · 62
효 · 63
미아 · 64
봉사 · 65
행복 · 66

차 례

기다림 · 67
낮잠 · 68
노랑에 대하여 · 69
숨바꼭질 · 70
슬픈 연어 · 71
길을 가둔 빛 · 72
날마다 소풍 · 73
꽃에게 · 74
물까치 가족 · 75
겨울나비 · 76
12월의 억새는 · 77
일월의 그믐밤에는 · 78
올림픽과 얼림짱 · 79
윤동주 문학관 · 81
아! 아! 김시민 장군 · 82
6.25 · 84
파랑새 소리가 북녘으로 날아가게 · 86
삶의 옹이를 태우며 · 89

| 拔文 | 시간의 리듬으로 빚은 사유의 소피아sophia
/ 안익수 · 91

1부

억새는 흔들리고 있다

기다림에 이유는 없다

바다가 일렁거린다
포말(泡沫)속에
끼워 넣은 하얀 색깔!
썰물에 밀려 작아 지오

얼룩진 상처는
흔적을 남기지 않는다

밀물이 쌓여 오는
그리움은 숨을 죽이고

구름에 가려진 하늘의
떫은 사연은 사설(私說)로
풀 수는 없다
기다림에는 이유가 없다

호반에 아침은

솔잎 끝에 매달린
북한강의 살점들은
철새들의 먹이가 되어
허기를 채우고

날개 부러진 새 한 마리
새벽이슬 맞으며
통곡을 한다

사연 없는 통곡이 있으랴
염불소리 끊어진 백련사의 숨소리
가랑비 되어 흩뿌려 지고

머물데 없는 나그네의 밤길은 무겁다
아침은 멀고,
빛은 희미하다

기다림에는 생명이 있다

시간을 베고 누워
소지를 태운다

재가 되어 흩어지는 불꽃
헤집고 들어갈 문을 찾는다

문풍지를 흔드는 바람 속에
태아의 눈빛이 녹아 있다
거룩하지 않은 생명이 있으랴!

무채색의 둥지를 틀고
산란의 시간을 기다린다

잊혀져가는 기억들
죽지 말아야 한다

묘비에 새겨진 비명(碑銘)
잊혀져가려는 슬픔이다

바람개비의 전설

바람아 멈추지 마라
시간도 돌고 세상도 도는데
네가 멈추면
나도 숨이 멎는다

박제 된 미라
응고된 바람

구름 빠진 허파는
꿈이 나들이 간 공간이다

바람아 불어다오
돌고 싶다

철든 바람도
철부지 바람도
바람개비와 돈다

7월에는

눈이 부신 그리움이 있다
바람이 휘청거리면
그리움은 얼룩진 무늬다

무늬는 진초록 포장으로 덮여져 있고
철없는 태양의 노여움은
그리움마저 태워버린다

독스런 선풍기의 바람 속에
시간을 더해보지만

거기 그 자리에 변하지 않는
7월의 멍석 위
어머니의 손끝에 익혀진 수제비의 맛

7월은 푸른빛이 되어
허공을 맴도는 어릴 적 나

산수유가 지고 있을

구례의 새벽은
고요하고 아늑했다

춘백은 활짝 피어
손님을 반겨 주고

마을 안 우물은
눈동자가 되어 바라본다

이야기꾼들의 밤 세우는 소리는
목련꽃 지는 줄도 모르고
길을 넘어 새벽을 맞이하며

돌담의 숨 고르는 소리에
헛기침이 난다

낮달을 준비하는 새벽!

또 다른 손님을 준비하는 새벽!
마당을 쓸고 있다

낮 달맞이의 삶

작열(灼熱)하는 태양의 유혹
해맑게 웃고 있는 모습
허허로움을 이기지 못 하여
옥문을 연다

안 으로 안 으로 새겨 넣은
입 다문 사연

초저녁
백 등잔 불빛이 사위어 가면
응축된 붉은 설움이
통증의 터널을 지난다

손님맞이 유녀(幼女)의 삶이다

산딸기

산딸기가 붉게 익어갈 즈음
태양의 젖 꿀에 매달린
유두가 익는다

탐욕은 식욕이 되고
길손은
알알이 몰든 붉은 유혹의 노예가 된다

쉼터를 찾는 심장
갈 길은 멀고
시선이 머문다

똬리를 튼 꽃뱀의 시새움
계절이 지나는 소리가 들린다

다시 만날 날을 기약해도
떨어지지 않는 발걸음

산사에 어둠이 내리면
질긴 인연의 올무
면벽으로 벗어날 수 있을까
내년 이맘때면 다시 만날 수 있겠지

마데카솔의 연가

저수지 속에 묻혀 진 가을
물 밖을 향해 자맥질을 하고

북에서 남으로 흐르는 물살 위로
애잔하게 들려오는 소리

살아야 한다
죽으면 안된다

보양 호수에 머물다
봉래 호수에서 쉰다
남으로 가는 길을 묻는다

강산저수지의 유혹에
달온거리며 남으로 흐른다

땅따먹기 싸움에 3일을 통곡했다는
김일성의 눈망울이 뛰어 오르고
고니와 두루미는 주둥이로 서로를 핥는다

새살이 돋을 때 까지
그렇게 핥다 보면

하얗게 탈색한 까치가
검은색 소식지에
붉은 소식을 물고 오겠지
우체통에는
찾아가지 못한 초어들의 사연이 헛돌고
집배원의 가방에 들어가지 못하게 자란 초어는
고래보다 더 커져 있다

월정리 역에 머무는 철마는 가쁜 한숨을 들이 마신다

백마고지
노동당사
총알에 녹아버린 아이스크림 산의 기억에
마데카솔을 바르자

철원을 다녀왔다
상처 난 산들을 바라보며
깊은 속울음을 울었다
치유될 수 없는 전쟁의 기억
마데카솔이 생각났다
겨레의 상흔에 마데카솔을 바르면 새 강이 돋아날까?

억새는 흔들리고 있다

들녘 가득히 피어 있는 억새
가을 하늘을 덮어낼 욕심인 줄 알았습니다

무심한 바람에 운명을 맡기고
태연한 척 여유를 부리는 대로(大路)의
길을 가는 줄 알았습니다

새가 울어도 눈물을 보이지 않듯
억새는 소리를 내지 않아도 울고 있었습니다

서걱거리는 바람의 노예가 되어
붙박이 삶에 길들여진 아픔
영글게 살아온 자부심은 한낱 바람 이었습니다

배불뚝이 되어 잉태의 윤회를 더듬거리며
앙 담은 어금니 사이
바람은 새고 있었습니다

회색빛 머리를 쪽지고
어머니가 거기에 서있었습니다

하얗게 웃고 있는 어머니와
허리를 흔들고 있는 억새가
닮았습니다

원추리꽃 사랑

어머니 치맛자락 떨어지면
하늘이 무너질 것 같은
유년의 그 길가

소꿉장난 속에 피었던 꽃
커다란 눈망울로 나를 바라보다
저 혼자 핼쭉하다

노란 꽃잎 따서 치마폭에 담으면
애처로운 눈빛으로 먼 하늘을 바라보다가
눈이라도 마주치면 금세 웃어 주던 꽃잎

성긴 원추리 밭에 앉아 어머니를 생각한다
어머니의 치맛자락에서 나던 향기

내 유년의 치마폭에서 웃고 있는
어머니

그리움은 바람

바람은 오늘도 흔들리며 살고 있다
내려와서 어김없이 가슴 한자리에
커다란 구멍 하나 내고
말로는 토해 내지 못하는 사연을 전해 주고 달아난다

기다림의 둔덕에서
흐려진 달빛마저 쳐다보기 버겁다며
흔들다 지친 표정으로
내밀한 사연 토해 놓고
돌아 누워 버린다

감당할 수 없기에 더 흔들리고 싶다

침묵은 기다림의 유혹
흔들리고 싶은 영혼

이단의 열매가 아름다운 이유를 모른다
금단의 과일은 달콤하다

그 시원을 찾아 옷깃을 여민다

목마름으로 목젖이 마른다
살갗을 간질이는 바람
더워지는 심장

흙물

땅속을 들여다보면
살아 숨 쉬는 그날들이 걸어 다닌다

고향을 떠나 그 어디쯤에서
다시 돌아올 수밖에 없었던 것은

유년의 길가 어디에선가
기다리고 있는 음표들 때문이다

아가와 아빠는 술래잡기를 한다
까르르 까르르 아가의 웃음소리 술래가 되어
골방 깊숙이 숨어 버린다

방파제 위를 나는 갈매기들의 통곡은
주인 없는 돌무덤을 쪼아 댄다

부리에 발린 립스틱
핏빛 무덤이 선명하다

봄의 숨소리

태양이 알을 품고
생명의 잉태를 향한 숨소리를 낸다

신성한 그곳
태아는 주먹 불끈 쥐고
고고한 소리를 낸다

욕심은 허망한 늪이고
미움은 스스로를 옥죄는 가시관이다

버리면 얻어지는 거시거늘
순백의 영혼 불러들이자!

설화 속 꽃씨들
가슴에 심자
초록빛 꿈을 피운 씨앗들

기지개를 펴고
담쟁이를 오른다
새순아 돋아라

청아한 숨소리 새근거린다

장님의 노래

어둠이 짙어지면
보이지 않는 것이 보이기 시작한다

세상의 가득한 흑암은
눈으로 볼 수 없어 행복하고

나들이 간 행복을 부르며
허공에 헛 주먹질을 한다

눈시울이 차가워 오면
눈빛도 영롱하게 빛이 날까?

세상에 사는 이유가 빛을 보기 위함은 아니다

화사한 봄꽃을 볼 수 없어
마음의 꽃씨를 뿌리고
꽃이 피는 날을 기다린다

눈 아닌 눈으로
볼 수 있는 날이 오면

빛속에 빛을 볼 수 없는 이들을 보며
봄을 노래할 수 있을거야

바람

햇볕은 바람이 불어도

풀잎 하나 흔들지 않는다

새벽

어둠의 터널을 지나온 시간
닭의 울음을 들을 수 있을 런지

에둘러 돌아온 침묵
빛은 서두르지 않는다

기다림의 의미에 빈터는 없다

굴렁쇠의 구르는 소리 속에
뚫리는 아침

창에 매달린 커튼이 소리 없이 오른다

나를 부르는 기침소리
해소가 되는 순간이다

새벽은 누구한테나 그렇게 온다

자작나무

한그루 자작나무
백조가 되었다

물갈퀴 질로
잔잔한 호수를 휘젓는다

갈퀴에 상처난 물
희살 지으며 웃는다

생채기 난 물
자작나무 갈피에
또 하나의 상처를 입히고

상처 속에 상처는 백목련 같다

아침햇살보다
곱게 피어나는 꽃

전설 속 잊혀진 사랑이다

백옥주사의 난

화장은 구십이 넘어서도 한다는데
여자의 변신은 죄일까?

검버섯 보이고
주름살 깊어지는
시간의 그늘 아래

초침의 째깍거리는 소리가
검사의 문초 같다

삶이 무거울 때
기대고 싶은 어깨가
보이질 않는다

살아온 세월 어느 곳에
백옥주사가 있었는가

나도 한 번 맞아보고 싶다

어머니와 장미

어머니가 물려주신 빨간 장미 한 그루
사립문 안쪽에 심어 놓았습니다
결 고운 가시에 아버지의 마음도 접을 부쳤습니다

사립문 뜰 안채에서 자란 장미
아버지 사랑채까지 뻗어 나갔습니다

몰아치는 바람에 꽃잎 날릴까봐
아버지는 부드러운 마음으로 울타리를 칩니다

고추잠자리 날아온 하늘 체온이 식어갈 무렵
하늘을 바친 손도 시립니다

어둠을 밝게 하는 송이송이
등불이 되어 비추다가
꽃잎 한 장 살며시 떨어져
눈물 훔치며 사립문 밖으로 걸어 나갑니다

어머니가 꽃잎을 부르며 맨발로
사립문 밖을 내 딛습니다

용서하지 마옵소서

천정을 받치고 있는
기둥 뒤에 앉아

십자가를 바로 보지 못하는
부끄러운 주인 하나!
숨죽이고 흐느낍니다

산다는 이유만으로
수치에 눈멀고
오욕에 귀먹은
죄인을 용서하지 마옵소서

불빛의 유혹을
이기지 못하는 하루살이
염원도 염원이지만

티끌의 아픔도 아픔인데
눈물 젖은 빵맛도 모르며
허둥지둥 살아오며

배고픈 이웃의 허기도 못본 척 시선을 돌리는
낯가죽이 두터운 죄인을
용서하지 마옵소서

적은 일에 만족하고
낮은 자세에서 행복해 하며
고단한 역경에도
단잠을 자는

죄 없는 저들을 축복하여 주옵소서

당신의 입술은

달빛 고운 날
창문을 열면

봄 향기 물씬 취한
가랑비다

소낙비에
살 부러진 우산이다

구름 서는 들녘의
바람난 허수아비다

시월의 끝자락에 내리는
찬 서리다

당신의 입술은
독한 술이다

남자 붕어

초등학교 교실에
커다란 어항이 그려져 있다
아이들은 물고기 한 마리씩
그려 넣기 시작이다
고기가 가득 채워져
물이 찰랑거렸다
한 아이가 물고기 한 마리
커다랗게 그리더니
모두가 여자 붕어만 있다며
남자 붕어 한 마리를 어항 속에 넣었다
남자 붕어는 밖으로 나와
온몸에 모래 옷을 입었다
얼굴에 화장을 지워도 보고
작은 웅덩이에
몸을 담그기도 했다
꼬리지느러미에 힘을 주어 보다가
나란히 벗어 놓은
검정 고무신을 보더니
남자 붕어는
모래를 털어버리고
칠판 속 붕어로 다시 돌아갔다
그 녀석 지금 어디서 무엇이 되어
꼬리지느러미를 흔들고 있을까?

덧버선

소나기 퍼붓다 사라지더니
빨랫줄에 나비 두 마리
정답게 앉아있다

밤새 어머니는 덧버선을 만들고 계셨다
한 바늘 한 땀 누비며
버선코에 앉아있던 그 나비다
왜 그렇게 싫었는지

벗어 책가방에 숨겼다가
집에 돌아갈 때 꺼내 신었다
지금은
집에 있을 땐 늘 덧버선을 신고 있다

이리저리 굴러다니며
채이기도 하고 너저분하지만
같이 있을 땐 시린 발도 덮혀 주고
구멍 난 양말도 은근 슬쩍 덮어주는
내 삶의 언저리를 맴돌던
어머니의 삶 한 자락이다

강가에서

강가에 가면
탯줄 끄트머리가 보인다

아버지는 탯줄을 태우시느라
왕겨를 수북이 쌓으시고
긴 바지랑대를 휘적거리시며
지키고 서 있다가
귀 곁을 돌아
허물어져 가는 담벼락을
볏집 숭숭 썰어 넣은 진흙으로 덧붙이다가

지붕을 이으시기 위해
이엉을 엮고 있었다

만삭의 배를 안고
아이를 낳기 위해
사립문을 들어서던 어머니
허기진 배를 냉수로 채우고
이슬방울 달랑달랑 매달고 있는
들풀들과 눈을 맞춘다

이슬방울 하나 떨어지면
동무생각 하나 매달린다

댓돌아래 벗어 놓은 신발짝을 본다
강가에 서면
어머니의 신음소리가 들린다

울릉도의 아침

빛은 빛이 아니다
밤사이 어둠을 뚫고 달려나온
피곤한 육신의 하품이다

동쪽하늘
하품에 매달려 나온 불
불을 끄려고 안달하는 바다

기염을 토해 보지만
하늘을 향하여 떠나는
붉은 분노는
눈부신 잔해를 남기고 중천을 향한다

시원을 헤아려 봐도
보이는 것은
하늘과 바다

내일을 기약하며 윤회를 즐기는 태양뿐이다

몸상에 몸을 기댄 파도는
새벽이 와도 내내 그뿐인데
새벽아침에 또 있는 나의 시심은
이처럼 도도한 날이 또 있을까?

잠시 쉬어가도 될 태양
자꾸만 하늘을 오른다

겨울나무

서럽다고 말하지 말고
애처롭게 여기지도 마라
침묵은 절규의 끝

잎들의 향연은 돌고 도는데
겨울햇살 알몸으로 부둥켜안은 채
신열을 앓는다

바람은 부질없는 위로로
성긴 가슴에 상처를 내고
기다림에 멍울을 씌운다

세월은 잠시의 침묵
모두가 아래로 아래로 흐를 뿐

홀라당 비워 놓은 가슴 다 채우는 날
봄볕은 더 찬란 하려나

고개위에 숨은 달이 어렵게 입을 연다
그 너머의 큰 산 숨죽이고 웃는다

기다림의 응어리의 눈이 내리고
표정을 상실한 언어는 얼어 붙어있다
언어는 사치란다

다시 피어나는 것은

산모퉁이 사라지는
어둠사이
가을의 설움이 머리 풀고
언듯언듯 지나간다

풀어헤친 억새의 앞가슴은
바다가 되어
윤슬을 볼 수 있고

걸음마다 고여 있는
젊은 날의 향기는
다시 피어나
사랑방 손님으로 온다

작은 들국화 향기가 가득하다

그날에는

달빛 고운 창가에서

국화향은 서성이다가

언어를 살인하는 미소를 듣는다

깊은 가을에 피우려고

남겨놓은 꽃대궁들

앞 다투어 피면서

축제의 노래를 부르고

별들도 춤추는 밤을 맞이한다

껍질 속에 무늬가 있다

우물가에 걸린
빨간 손수건인가

꿈꾸는 껍질 속에 시간표인가

입으로 앙살하는
빨간 노래는
철들은 빗장이련만
숲 속에 파수꾼은 침 묻은 문패다

꽃물이 번지던
통증의 악보(樂譜)를 지우면
다시 와도 좋을
붉은 약속을 적어 놓고 떠난다

오늘도
분리수거에 버려진
젖은 순례자의 살점에
봄꽃이 피면

꽃바람 하나가 구름을 줍는다

깊은이*

해는 계곡에서 놀고
구름은 산 기슭에
걸터앉았다

안개비 다가와
그늘을 씌우면

앞산은 해넘이가 버겁다며
웃옷을 벗는다

아이들은
외양간 송아지와 눈 인사하고
뒷동산 산딸기는
얼굴이 붉는다

계곡에 놀러 온 물까치
심통을 부린다

*경북 김천 사돈댁마을

2부

달은 창문에 뜬다

D.m.z

공존의 땅에
신은 또 하나의 역사를 쓴다
탐욕의 역사를 만든
인간의 손을 떠난 시간들

기적은 인간위에 군림하고
또 하나의 기적을 잉태 한다

비집고 헤집으며
스스로의 생존을 확인하는
숨 쉬는 조형물들

자유 의지를 털어 버린
또 하나의 자유가 거기에 있었다

세상에서 가장 특별한 땅의 이름
D.m.z
길을 가로막고 선 오색 바람개비
본 거리에 허기진 길손의 길을 막는다
신의 영역이다
거기는 인간이 가는 곳은 아니다

라즈돌리에 역에서

고향을 잃은
석탄 열차의 기적이 산 구비를 돈다
이별은 어차피 그런 것일까

떨어져 있어도
가까이 전해지는
돌아가는 메아리가 서럽다

부러진 침목을 떠다밀며
흐느끼는 상처의 흔적이다

피어있는 민들레는
치유는 전설이 되어
페인트 속에 기절하여 누어있고

떠나야 하는 기차의 바퀴보다
구름이 앞서 간다

물이 되면 어떠리
바람이 되면 또 어떠리

하나 되는 그날을 두고
라즈돌리에 역사는 말을 잇지 않는다

달은 창문에 뜬다

달에게 묻는다

개울물 따라
풀 섶을 따라 오는 이유는 있다

무엇을 터득하여
하늘에서 미끄러지며
길에게 빛의 주사를 놓는가

모습으로
모양으로
다리를 놓아야 할
산다는 까닭이 되어
달은 정류장 이름표를 창문에 쓴다

통일 염원

지등(紙燈)을 달고
심지를 돋운다

합장한 손이 경련 하며
바람을 기다린다

바람은 에둘러 비켜가고
바람이 비켜간 하늘에
보름달이 떴다

동강난 산하를 비추는 달의 탄식이 생경하다

핏빛 추억이 군데군데 묻어 있고
아직도 피 냄새 가시지 않은 땅에
통일을 부르는 노랫소리 가득한데

깜빡거리고 있는 지등 안에 불빛이 애처롭다

세상은 진도 10이면 끝장인데
핵무기 하나면 세상을 끝장낼 수 있다는
초라한 어리석음

사~드 설피에 핏발선 동공들

통일은 어디에도 보이지 않는다

지등에 불꽃이 사위어 가면
우리의 염원도 사위어 간다
큰 바위 얼굴은 기다림이다
망나니 자식을 둔
인자한 어머니의 마음이다

아들아!

– 입대하는 아들의 뒷모습을 보며

정화수 떠다 정수리에 부으며
삼신 할매 앞에 무릎 단정히 꿇고
손바닥이 발바닥이 되도록 빌고 빌었던
기억의 언저리에
바리깡으로 뒷머리 까지 빡빡 깎은 너는 없었다

스산한 4월의 바람결에
뒤를 돌아보지 말라는
엄마의 한 서린 음성에도
아랑곳 하지 않고
떨어지지 않으려고 매달려 있는 시선

나는 또 하나의 나무를 심는다

동강난 나라의 심장에
얼룩무늬의 나무를 식지한다
그렁그렁 매달리는 묘목이 되어
성장의 시간을 조탁한다
힘들어도 잘 견디어야해

4월은 잔인한 달이 아니다
병영 앞에서 보이지 않을 때까지

보이지 않는 손을 흔든다

돌아서는 발끝에 싸이는 한숨
4월은 잔인한 달이다

유월을 맞아

오월의 피우지 못한 한을
유월의 가시가 되어
심장을 꼭꼭
찌르는 장미가 되지마라

향기에 취해
슬픈 전설의 노예가 되지 마라

발걸음 쌓아가며 깊었던 정이
제 멋대로 가버린 유월

잡으려 해도 잡히지 않는
세월속의 유월은

결박당한 그리움
순응하는 것도
거역하는 것도

가시 장미의
마지막 절규가 있는
해마다 유월이면
하늘나라에 있는 친구가 그립다

하얀 목련은

목련은 하얗게 웃고 있는 것이 아니고
울고 있었다

4월의 잔인함을 노래하듯 울엇다

썰렁한 봄비에
살짝 기대보지만
어머니의 가슴이 그립기만 하다

지금 막 피어나는 꽃의 얼굴이여
당신과 나 사이에 흐르는 눈빛의 찰나여

새벽은 오고 있는데

실눈을 뜨고
눈꼽과 어우러져 나오는
눈물의 의미
나는 시인이 되어서는
안 되는 것이었다
비빔국수 먹고 싶어
새벽을 향한
마지막 식욕은
보일 수 없는 눈물로
웃음을 자아내게 하고
먼 길, 여명을 향한
불에 타 없어질 수의 한 벌
핏줄이 꿈틀거리는 여윈 손으로
매만지다 힘에 겨워 눈을 감는다
나! 어디서 왔어?
눈이 맑아지고 있는 것이
새벽인가 봐
아들 세 녀석이 오고 있는 것이 보이네
세 녀석 모두다 스카이 대학을 나왔거든
비빔국수로 허기를 채우고
여윈 손으로 수의를 매만지다
아들의 꿈을 꾼
그녀의 새벽은 섣달 초엿새 날

새벽은 얼음처럼 차고
달은 허리가 휘고 있었다
상주며 문상객인 영정 앞에 앉은 중년 여자
누구에게도 새벽은 온다
그리고 간다고 중얼거리고 있다

단비 내리던 날

국가대표가 금메달 딴 날
응급실 환자들이 퇴원하는 날
미세먼지 날려 부러진 날

농부들 한숨지으며 줄담배의 하소연 하더니
어깨의 삽 둘러매고
단비 맞으며 웃고 나가던 날

누가 오늘을 후회는 읽지 않는 책 쌓이듯
쌓인다고 할 수 있는지

작은 나무

아들의 나무에는 늘 나무가 불었다
하늘 향한 몸짓이 애달던 가을
서툰 단풍으로 나이를 먹더니
이제는 연둣빛 가슴으로
살짝 내려 속삭인다

초록빛이고 싶다고
아들은 후박나무 그늘 아래서 키를 재보고
회양나무 까까머리 어루만지며
키보다 마음이 훨씬 커져있었다

지금

청개구리는 왜 울지 않는가

간절함도 외면하고

노심초사 하는 지금

엄마들은

부슬부슬 내리는

너희들의 가랑비 연주를 기다린다

효

겹쳐 필연으로 간다
시간의 늪 속을 유영하고
날개는 물에 젖는다

살아도 죽어도 삶의 줄기에
매달린 소담한 열매 하나

사람 사는 이치다

매어달린 인성과 효
마른 땅 위에 매어 달린 무지개
매달릴 수 없는 열매

미아

7월의 태양은 용서하지 않고
분노하며 태우지만
연꽃은 7월을 용서한다

진흙을 보듬어 안고
고고하게 우뚝 솟은 꽃대궁들
무대 위에 서서 춤을 추기 시작한다

저마다 털어 놓는 시린 사연들
진흙 속으로 들어간다

사치도 명예도 뿌리에 내어주고
허허롭다

그윽하게 웃음 지며
살며시 손잡지만
더러는 미아가 되어

눈으로 볼 수 없고
손으로 만져보지 못하는
7월의 연꽃을 슬프게 한다

봉사

하
하
하
하
하
　호
　호
　호
　호
　호
웃다보면 열매가 달려요

행복

오늘처럼 하늘에서

꽃송이가 쏟아지면

벽난로에 불 피워 놓고

마당가에 서성이는

달빛도 부르고

버려진 땅콩을 베고 누워

누워 잠자는

참새도 깨워서

파티나 할까?

기다림

장마는
백로 한 마리 남겨놓고
어디로 갔나 보다

늘 그 자리에서
새끼들의 밥상을 차렸는데
멀리 떠내려간 바람 하나가
응급차에 실려 온다

우편배달 오토바이 소리에
외딴집 문이 열리면

구름사이
가랑비도 서둘러 일어선다

낮잠

그림자도 덥다며
당산나무 곁에서
숨죽이고 있을 때

하룻밤 걸러내지 못한 사연
부둥켜안고
졸고 있는 달맞이 꽃

호랑나비 한 마리
몸짓으로 깨워 보지만
안으로 안으로 새겨 넣은
세월만큼 깊은 잠속으로 들어간다

노랑에 대하여

새벽은 고요하다
깊어서
먼 하늘이
우물에 고인다
이야기꾼들의 물감놀이로
옷이 젖는다
고추잠자리 발자국 소리에
바깥마당이 부산하다
가을인가

낮달은 또 하나의 구름을 넘긴다

바람에 노란 통증이 떨어진다

숨바꼭질

밤은 밤이 아니다
어둠이 사라진지 오래다
늘 그 자리에 서서
구구단을 외운다
꽃 한 송이가 안 보인다
술래야
술래야

화장기 없이
다 열어 놓은 알몸이다
달이 뜬다

숨은 발자국 소리가 들린다
담장 밑에 바람이 앉아 있다

별들은
미리내 다리 밑을 엿듣고 있다

슬픈 연어

걷어지다 남은 밤안개 속으로
걸갱이*들은 숲을 이룬다

배불뚝이 연어는
숨 가쁘게 물살을 가르며
고향을 본다

매화는 어머니가 되어있고
벚꽃은 동무가 되어
기다리고 있다

연어의 산실은 어디인가

칼찬 물오리도 비켜주며
금줄을 걸어준다

숲은 문을 꼭 걸어 잠그고
연어를 보내주지 않는다

*걸갱이 – 연어잡는 도구

길을 가둔 빛

별빛이 아름다운 것은
어둠이 있기 때문이다
빛을 보려고 더듬거리며
따라 가지만

눈이 맑아지기 시작하면
어둠은 별빛을 삼키고
고요에 가둔다

날마다 소풍

2017년 마라도는
학교를 쉬게했다
바람이 친구였던 빗방울도
한명의 졸업식에 왔었다

내년 입학식엔 파도가 오겠지

짜장면집 아들 둘이
졸업하고 입학하는 중
학교는 휴교중이다

별빛, 달빛, 불빛과
가을바람 소리 만지며
억새 날리는 언덕에서

바다비늘 반짝이며 달려오는
너울 보며 소풍을 간다

꽃에게

고마워

어쩜 그렇게 예쁘니

너를 보면 나도 예뻐져

들꽃이 웃을 땐 눈이 안보여

장미는 웃을 때 입이 너무 예뻐

예쁜 거 빼면 아무것도 없어

나지막이 피어있는 민들레 좀 봐

활짝 웃고 있잖아

담장 밑 제비꽃은 아유 귀여워

물까치 가족

애들아 조심해
물까치 엄마가 오고 있잖아
날개 부러진 새끼 물까치

아이들은 구해주려고
뺑 둘러섰다

갑자기 나타나는 물까치 가족들
아이들의 머리위로 비행하며
공격하려는 순간

엄마들은 다급하게 아이들을
데려온다

물까치 가족은 다친 새끼를
품에 안고 어디론가 가버렸다

언제 올까 그 물까치

겨울나비

낡은 벽시계는
또 한 해를
넘긴다고 투덜대며
새벽을 알린다
하얀 나비 한 마리
밤새도록
창문을 노크하다
화가 났는지
천지를 덮어 놓고
아침을 연다
어둡고 추웠던 것들은
신의 색깔로 덮어주고
햇살에 녹을 첫눈에
발자국을 내어본다

12월의 억새는

2603호
응급실에서 시술실로
불빛이 걷는다

자부심 하나로
살아 왔는데
다시 빨간 물이 앙살을 할까

계절 지난 억새는
바람을 세며
당당하게 누워있다

바람에 뽐내던
기억을 잊었는가

뿌리는 폐에 좋은 약이라며
큰 숨을 데리고
옆으로 눕는다

일월의 그믐밤에는

아기고라니와 엄마는
산모퉁이 돌며
숨바꼭질한다
눈 쌓인 산 속에
보일 듯 말 듯
꼬리도 숨더니만
겨울 양식이 떨어졌나
장독대 옆에서
어느새 기웃거린다

그믐밤에도
소리 없이 찾아 왔겠지
어쩌면 벗은 몸으로
노크를 하다가
레디꼬 레디꼬
노래를 하며 바깥에 있었을까
지난밤에는
담장 그림자를 지우다가
발자국 한 다발 써 놓고 갔다

올림픽과 얼림짱

겨울비 오는 소리
천둥소리도 얼었나보다

아궁이에
장작불 타는 소리 들리네

동지섣달 아랫목엔
형제들의 발가락 찾기
웃음 끊이지 않던
까르르 까르르
그 때 그 지난날에는

동치미 한 사발은
어머니의 물이 되고
고구마 타는 향기가
아버지의 밤이 되었다

달력을 골 천 번
넘겼는데
평창 평화 평양은
일방통행 길인가

마당에 수돗물을

잠글 걸 그랬나
얼어 터져
햇살이 썰매를 타게

윤동주 문학관

– 가슴에도 별이 뜬다

세상에 떨어진
별들을 주워
한 줌씩 나누어도 좋다

별들이 떨어진
들판에는
사슴이 풀을 뜯었다

별 하나에 가슴을 묻고
또 하나의 별을 헤일 수 있다는 건

아픔일까 슬픔일까 기쁨일까

붉은 피
하나가
별이 되어
우물이 되어
두레박을 내린다

아! 아! 김시민 장군

아! 아!
김시민 장군

39세 못 다한 나라사랑의 한을 안고
포연이 자욱한 진주성
적의 포탄에 불꽃으로
사라져간 님이시여!

당신은
노인도, 어린사람도, 부녀자도
용맹한 군인으로 만드는 마술사였습니다.

당신은
휘어지는 능수 버들가지의
천안에서 태어나
부러질지언정 휠지 모르는
무장이었습니다.

당신은
총상으로 경각에 달린 자신의 목숨보다
국사에 눈물지으며
북향하여 울음 우는
피와 살과 뼈가 나라사랑인

젊은이였습니다.

당신은 입으로 말로 나라의 기둥을 무너뜨리고
구차한 목숨을 보존하려는
간신배들의 양심에 나라사랑의 비수를 꼽은
지지 않는 꽃이였습니다

이제
동강난 조국
부끄러운 자화상

김시민 장군이시여!

간신배들 보다 더한
위정자들의 폭거 앞에
당신의 기백을 기립니다.

당신의 혼백을 부릅니다
얼마의 고통을 더 겪어야
잃어버린 정신 줄을
다시 움켜잡을 수 있을지
7천만의 민족의 핏줄 속에
당신의 피를, 혼을 수혈에 주십시오

충과 효가 꺼질 줄 모르는
활화산이 되게 하여 주시옵소서

6.25

6월의 하늘에
동강난 바람이 분다
바람에 할퀸 핏빛
영혼의 울부짖음
안개처럼 자욱한데

두 눈에 핏발을 세운
총구에서 불을 뿜는다
생이 빛에 구천을
헤매는 어머니의 절규
아직 허공에 가득하고

철없는 태양의 노여움에 안식을 잃는다

형제가 하나 되어
밥상을 마주한
형제의 노래는
언제 들을 수 있을는지

장벽을 넘어 온
먼저 온 통일이 물고가 되어
7월에는 터져라!!

홍수의 무너진
뚝방처럼 무너져라

7천만의 환호가 하나 되어 울려 퍼져라

파랑새 소리가 북녘으로 날아가게

푸른 창공의
물감을 찍어보자
티격태격 땅뺏기 놀이를 하던
자빠진 언어를 일으켜 세워보자

골목길에 흩어진 발자국을 불러 모아
멍에의 땀방울이 그릇을 채워
아픈 흙덩이에 부어야 할 일이다

아침이여!
통일이여!
굶은 발등에 떨어지는 빗방울을 아는가

한 맺힌 돌멩이를 들어내며
아픔을 깨무는 입술은 어떤가

달콤한 꽃바람을 물리면
철이 들까하다가도
다급한 세상의 끝자락에서
구름 꽃을 피워야만 한다

이제 총구를 바다에 던지고
휴전선은 북으로 달리는 차선이 되어

꽃구름의 살결이 찢기지 않게
철조망은 꽃밭의 울타리가 되어야 한다

바람 가는 길에는
철새가 드나들게
창과 방패의 경계를 허물어서
낮은 울안과 높은 담장이 다투지 않게
서로 무궁화 꽃씨를 나누도록 함이라

꿈은 물레를 돌리게 하고
이슬 묻은 햇살이 옷감을 짜야 할 일이니

아침이 오는 이 나라에
사람이 먼저 살아가야 함이다

한반도의 꿈이여!
파랑새 소리가 북녘으로 날아가게
작은 나무 그늘을 꼿꼿하게 키워가며
풍랑의 아우성에도 화평함이 물들게
풀들의 몸짓 위에 단비가 내리면

한반도의 여인이여!
도시의 신사여!
색깔 다른 옷을 벗고
생각이 다른 마음을 갈아입고
아래서 위로 하나가 되는
한곳을 향하여

신명나게 놀아보자

함흥냉면이 좋고
광덕산 호두과자면 어떤가
얼싸안고 살다보면 정드는 것이지

한강에서 두만강까지
한라에서 백두까지
등불에서 별빛까지
어서어서 내딛는 불끈 쥔 발걸음으로
파랑새 목청이 우렁차게 터지게 하라

우리가 어깨동무 함이라

삶의 옹이를 태우며

– 작가 박경리 선생 서세 10주기에 부쳐

당신은
시간의 풀밭을 맨발로 일으켜
재가 되어 흩어지는 불꽃을 피웠습니다
철없는 말들을 숫돌에 갈며
뜨락에 햇살을 활짝 피웠습니다
문풍지를 흔드는 바람 속에
언어의 집을 지으셨습니다
동구 밖 철길로
술래잡기 한 것을
당신의 토지에는
사람의 길이 나고
해묵은 둥지에는
하늘이 살았습니다
변두리에 떨어지는
아침을 보라하시어
잊혀져가는 기억들이
다시 산란을 합니다
당신의 언어는
창문을 열며
멍이든 빗방울로 목마른 땅을 일구셨고
세상의 씨앗이 되었습니다
삶의 옹이를 아궁이에 지펴가며

발 시린 풀들의 아랫목을 데우셨습니다
이제는 나무 등걸에 바람이 넘어지지 않게
구름에 주먹질 하지 않고
오순도순 텃밭을 일구며
당신의 토지에
고추도 심고
마늘도 심어서
세상의 밥상을 차리겠습니다

| 跋文 |

시간의 리듬으로 빚은 사유의 소피아sophia

안 익 수 (시인, 한국문인협회 편집위원)

누나야, 시인이다. 반이 유언녀 시인이다.

그는 꽃밭에 피는 달빛이며 빈터에 그릇이 되어 시간을 담고 나눈다. 거리에서 햇볕을 꺾어 그늘을 엮는 삶의 오브제(objet)적 사유의 흔적을 낳는다.

낮에 피는 꽃은 햇살로 향기를 빚고 밤에 피는 꽃은 달빛에 살이 먼저 익는다. 그 시간의 리듬과 박자가 누나야, 시인이다.

그는 자극적인 언어로 감성을 현혹하지 않으며 시류의 물감으로도 채색하지 않는다. 다만 바람소리와 장단을 맞추며 물소릴 받아서 시간의 음표를 찍는다. 그는 사람의 향기를 따다 인간의 다리를 놓으며 구름이 지나가게 한다. 그는 해를 품지 않고 바람을 등지고 구름을 민다. 그러기에 그가 짓는 빛의 언어는 목마른 아궁이에 땔감이 된다.

그의 시는 언어의 힘줄이 질기고 심상의 줄기는 온화하며 은근하다.

아래의 시 〈바람개비의 전설〉에서 발화되는 불씨를 보면 금방 안다.

바람아 멈추지 마라
시간도 돌고 세상도 도는데

네가 멈추면
나도 숨이 멎는다

박제 된 미라
응고된 바람

구름 빠진 허파는
꿈이 나들이 간 공간이다

바람아 불어다오
돌고 싶다

철든 바람도
철부지 바람도
바람개비와 돈다

〈바람개비의 전설〉 전문

바람의 사유에서 빠져나온 언어의 잉크가 번지어 아득하다.

시적 굴레의 양지에는 바람의 노래가 수를 놓으며 그 사상의 음지에서는 세상을 다독거려 끌어안는 펜 끝이 따뜻하다.

그는 바람의 실을 풀어 시간의 물레로 옷감을 짠다. 언어의 정으로 조탁을 하여 골목길의 빗물도 화사하다.

언어로 밥을 짓고 달구어진 시심으로 삶의 숭늉을 끓인다. 소박한 언어의 식단이지만 바람의 노래는 사람의 구미를 돋운다. 바람과 햇볕의 언어가 고단한 삶의 일상을 꽃가마에 태우는 것이다.

그래서 시인의 '박제 된 미라'는 다시 시상으로 부활할 것이다.

그 진통과 찬란한 고통은 다음의 시에서 언질하고 있다.

들녘 가득히 피어 있는 억새
가을 하늘을 덮어낼 욕심인 줄 알았습니다.

무심한 바람에 운명을 맡기고
태연한척 여유를 부리는 대로(大路)의
길을 가는 줄 알았습니다

새가 울어도 눈물을 보이지 않듯
억새는 소리를 내지 않아도 울고 있었습니다

서걱거리는 바람의 노예가 되어
붙박이 삶에 길들여진 아픔
영글게 살아온 자부심은 한낱 바람이였습니다

배불뚝이 되어 잉태의 윤회를 더듬거리며
앙 담은 어금니 사이
바람은 새고 있었습니다

회색빛 머리를 쪽지고
어머니가 거기에 서있었습니다

하얗게 웃고 있는 어머니와
허리를 흔들고 있는 억새가
닮았습니다

〈억새는 흔들리고 있다〉 전문

그의 시적 사상(寫像)은 추상의 무늬에서 출발하지 않는다. 근원적 시심의 안테나는 세노테(cenote)가 연상되며 그 시심의 물은 맑고 푸르다. 가슴의 깊은 바닥까지 억한 감정도 매듭을 풀고 두레박을 내리고 싶어진다. 그는 시적 구성을 어렵게 작심하기보다 현실을 직시하여 선한 생각의 무게를 언어의 그릇에 담는다.

아마도 그의 시적 세노테는 세상의 갈등과 아픈 응어리가 떨어진 자욱이 아닐까. 위의 시에서 '서걱거리는 바람의 노예' 는 억눌린 사상(思想)의 탈출이며 멍이 든 바람의 속성을 '억새' 로운을 띄우고 있는지도 모른다. 그의 시는 언어로 말하기보다 심장의 박동으로 뱉은 리듬이 살을 적시고 젖은 옷을 말린다. 그것은 상상의 오름을 객관으로 수채화 시키기 때문이다. 시심은 둥지에 언어를 낳고 '억새' 의 흔들림에 시의 '어머니' 는 젖을 물릴 것이다.

그러기에 누나야, 시인이다.

다음의 시를 보면 그 보금자리를 만날 수 있다.

어둠의 터널을 지나온 시간
닭의 울음을 들을 수 있을 런지

에둘러 돌아온 침묵
빛은 서두르지 않는다

기다림의 의미에 빈터는 없다

굴렁쇠의 구르는 소리 속에
뚫리는 아침

창에 매달린 커튼이 소리 없이 오른다

나를 부르는 기침소리
해소가 되는 순간이다

새벽은 누구한테나 그렇게 온다

〈새벽〉 전문

위의 시에서 심상적 서정이 화답하는 언어는 '새벽'의 수수께끼다.

'새벽' 은 소리와 빛과 그리고 살 속의 그림자와 함께 마당으로 온다.

그의 시는 상상을 궁리(窮理)하지 않으며 심상이 발산하여 피어나는 시심이다.

날이 밝아오는 것은 어둠이 깨지는 여명의 소리다. 시는 희망의 꿈이며 아침 햇살이 불타는 꽃향기다. 그 시적 언어의 향기는 창문을 연다. 담장을 넘어 이웃의 울타리에 까치소리로 여문다.

그러기에 누나야, 시인이다.

나아가 그가 비추는 감성의 언어는 코스모스(cos-mos)를 향한 마음의 빈터에 한낮을 가득히 쏟아낸다. 그 언어의 색감은 친근하여 다감하다.

그럼 다음의 시에 더 가까이 다가서 보자.

달에게 묻는다

개울물 따라
풀 섶을 따라 오는 이유는 있다

무엇을 터득하여
하늘에서 미끄러지며
길에게 빛의 주사를 놓는가

모습으로
모양으로
다리를 놓아야 할
산다는 까닭이 되어
달은 정류장 이름표를 창문에 쓴다

〈달은 창문에 뜬다〉 전문

등대는 바닷물을 바라보며 살을 태워 길을 연다.

그의 시상의 조명은 아르누보(Art Nouveau)적이다. 언어의 그림이 기억의 반사로 물들며 재잘거리는 마당놀이다. 맑고 청순한 언어의 빛이 불온한 세상의 손과 발을 씻긴다.

시에서 '달은 정류장 이름표를 창문에 쓴다' 이 말 속에 출렁이는 삶의 물결은 땡볕을 삼키며 나루에 이른다. 나아가 그 빛은 버거운 삶의 수레바퀴를 민다.

빛과도 교감하는 시적 언어는 '창문' 에 스며들어 노래를 짓고 창문에 흘러내린 이슬은 세상의 가슴으로 흐른다. 그의 시는 감흥을 넘어 인지적 테라피(cognitive therapy)에 닿는다. 삶에서 길어 올린 진실한 언어와 빛의 가락이 힐링의 하모니(harmony)가 된다.

그의 시와 삶의 리듬은 다음의 시에서 더욱 절정에 이른다.

서럽다고 말하지 말고
애처롭게 여기지도 마라
침묵은 절규의 끝

잎들의 향연은 돌고 도는데
겨울햇살 알몸으로 부둥켜안은 채
신열을 앓는다

바람은 부질없는 위로로
성긴 가슴에 상처를 내고
기다림에 멍울을 씌운다

세월은 잠시의 침묵
모두가 아래로 아래로 흐를 뿐

홀라당 비워 놓은 가슴 다 채우는 날
봄볕은 더 찬한 하려나

고개위에 숨은 달이 어렵게 입을 연다
그 너머의 큰 산 숨죽이고 웃는다

기다림의 응어리의 눈이 내리고
표정을 상실한 언어는 얼어 붙어있다
언어는 사치란다

〈겨울나무〉 전문

하늘의 구름도 신발을 신고 흐른다.

바람 또한 조화를 이루며 목청껏 길을 간다. 구름 속에는 바람이 살며 구름에는 울타리가 없다.

유언년 시인은 바람에 묻은 시간을 딴다. 그 시간의 열매를 노을로 반죽하여 시상의 칼로 써는 게 아닐까.

'겨울나무' 의 속성은 시.공간의 진행형이다. 그 순간의 존재는 '향연' 이 되고 '봄볕' 이 되는 것이다. 여기서 '침묵은 절규의 끝' 이라 함은 다시 생명의 호흡을 의미하는 것이 아닐까. 시에서 '겨울나무' 의 순환(循環)은 분명 사람의 일생과도 닮아 있다. 생명을 부지하는 밥상의 무게는 시간의 옷으로 드러나며 집과 사람은 모양과 모습으로 사상(事象)을 새긴다. 그러나 시인이 다짐하는 시적 관조와 삶의 내구성은 시간의 군살이 된다. 시간의 근원은 뿌리에 있으며 아마도 시인이 표상하는 '겨울나무' 의 줄기에서는 다시 바람이 일어서고 새움이 돋을 것이다.

여기서 시인이 듣는 '표정을 상실한 언어' 는 바람소리와 구름의 발자국 소리가 아닌가. 바람과 구름은 인간의 그물을 짠다. 어둠은 삶의 거름이 되고 빛은 삶을 가꿀 것이다. 이것이 또한 시인이 증거 하는 생명의 표상(表象)인 것이다.

그러기에 그의 시심의 신전은 기도의 모자이크다.

그 시상의 모자이크를 어떻게 구도하여 삶과 고리를 짓는지 다음의 시에서 들여다보자.

낡은 벽 시계는

또 한 해를
넘긴다고 투덜대며
새벽을 알린다
하얀 나비 한 마리
밤새도록
창문을 노크하다
화가 났는지
천지를 덮어 놓고
아침을 연다
어둡고 추웠던 것들은
신의 색깔로 덮어주고
햇살에 녹을 첫눈에
발자국을 내어본다

〈겨울나비〉 전문

땅에서 무릎을 세우던 물은 빛을 타고 하늘에 오른다. 구름이 되고 비가 되어 바람과 몸을 섞는다. 하늘의 그릇에 담긴 물이 다시 인간의 대지로 배달된다. 물은 인간이 만든 시계에 저장되어 양분이 된다. 때로는 세상사 '첫눈' 의 숨결이 되어 '겨울나비' 의 철길이 되는 것이다.

유언년 시인은 삶의 가치를 하늘의 시간표를 딛고 시상의 알을 품는다.

그의 시적 착상은 현실의 상황에서 수정된 꿈의 언어다. 그는 양지 뜰에 언어의 보금자리를 틀고 달빛으로 옷을 입힌다. 그 옷감에 풀물을 들여 공설시장의 마수걸이로 나서는 것이다. 그는 시간의 부상(負傷)을 응용하여 시심을 애매하게 조작질 하지 않는다. 바로 시적 상상의 발신지는 일상의 삶터며 체험의 울안에서 걸어 나온다.

색종이로 접은 소식은 금방 찢어지지만 가슴으로 전하는 편지는 오래도록 지워지지 않는 법이다.

그러기에 그의 시는 구성이 섬세하고 자상하다.

이것이 누나야, 시인이다.

그러면 더 크게 누나야, 시를 불러내 보자.

밤은 밤이 아니다
어둠이 사라진지 오래다
늘 그 자리에 서서
구구단을 외운다
꽃 한 송이가 안 보인다
술래야
술래야

화장기 없이
다 열어 놓은 알몸이다
달이 뜬다

숨은 발자국 소리가 들린다
담장 밑에 바람이 앉아 있다

별들은
미리내 다리 밑을 엿듣고 있다

〈숨바꼭질〉 전문

세상에는 숨는 자와 찾는 자가 있다.

위의 시에서 시적 테마(Thema)는 시간의 장작으로 구워내는 삶의 그릇이며 일상이다.

그의 시심은 언어를 교란시켜 시적 착각의 보너스를 바라지 않는다. 그는 삶의 현실을 언어의 사유로 단장하여 사람에게 선물한다. '숨바꼭질' 이 직시하는 곳은 사람의 발자국을 찾는 것이 아니라 상실된 사회의 신발을 찾아주는 것이다. 또한 '숨바꼭질' 은 서로 소통하여 확인하는 양심놀이다.

유언년 시인이 구사하는 시상의 양심놀이는 언어의 마당에 의자를 내놓고 햇볕에 마음을 굽는다.

그는 불행한 세상의 시적 언어를 울타리 밖에 유기(遺棄)하지 않고 사람의 꽃밭에 심는다. 그 언어는 사람의 꽃이 되며 향기가 된다. "꼭꼭 숨어라 머리카락 보인다."라는 양심의 꽃인 것이다.

그 양심의 꽃은 세상 속으로 숨지 않고 '화장기 없이/ 다 열어 놓은 알몸이다' 로 바람을 입고 사람과도 뛰노는 것이다.

그러면 사람의 '술래' 는 어디에 있을까.

그의 시에서 울리는 언어의 종소리를 들어 보면 찾을 수 있다.

청개구리는 왜 울지 않는가

간절함도 외면하고

노심초사 하는 지금

엄마들은

부슬부슬 내리는

너희들의 가랑비 연주를 기다린다

〈지금〉 전문

유언년 시인의 울림은 보살핌과 목마름에 대한 수유다. 수렁에 빠진 삶의 진실을 인양하는 로망이다. 삶에 결부하여 매달리는 시작(詩作)의 모티브(motive)는 소외된 목청을 부축하여 새움이 돋게 한다. 그것은 그가 지향하는 시심의 통로이며 갈망이다.

보편적 삶과 예술의 조화로운 공존이란 무식과 유식의 문제가 아니라 보살핌과 배려의 화음이다. '가랑비 연주' 인 것이다. 곧 탈(Tal)이 없는 평온한 풀밭의 소리다.

그가 공감(共感)하려는 시의 말품은 표정이 분명하다. 시적 공간은 그네를 타고 비상한다. 현실적 구심력이 탄탄하여 언어의 끈이 질기다. 그러므로 그의 시상은 '부슬부슬 내리는' 종소리가 되어 들녘을 적신다. 그래서 배고픈 사람들은 그 시심의 이삭을 품으로 줍는다.

시에서 표징(標徵)되는 '청개구리' 는 '가랑비 연주' 를 통하여 인간의 꿈과 아픔을 방기(放棄)하지 않고 더 뜨겁게 끌어안고 있다.

다음의 시는 시집의 표제시다.

그의 문학적 삶과 간구가 응집된 시로서 그의 문학적 사유를 통찰하는 시 중의 백미다.

우물가에 걸린
빨간 손수건인가

꿈꾸는 껍질 속에 시간표인가

입으로 앙살하는
빨간 노래는
철들은 빗장이련만
숲 속에 파수꾼은 침 묻은 문패다

꽃물이 번지던
통증의 악보(樂譜)를 지우면
다시 와도 좋을
붉은 약속을 적어 놓고 떠난다

오늘도
분리수거에 버려진
젖은 순례자의 살점에
봄꽃이 피면

꽃바람 하나가 구름을 줍는다

〈껍질 속에 무늬가 있다〉 전문

유언년 시인이 추구하는 시향(詩響)은 우쭐거리거나 과시하지 않으며 은은하다. 삶 속에서 채화(採火)된 언어는 사람의 가슴에 점화된다. 그것은 붉은 생리로 타오른다. 비로소 그의 삶은 뜨거운 요(窯)에서 구워낸 한 점의 그릇이 된다. 그러므로 그는 치열한 삶의 숙제를 뜨거운 가슴으로 빚어내고 있다.

그것은 삶의 실제적 체험과 트라우마(trauma)를 '꿈꾸는 껍질 속에 시간표' 와 화답하며 새로운 미의 계단을 놓고 있는 것이다.

그러므로 그의 시에서 '젖은 순례자의 살점에' 몰두하는 시상의 지평은 자연과 인간의 경계에 있다. 그는 결코 불쾌한 세상살이와 바람의 등짝에 손찌검하지 않는다.

그의 시적 갈등은 미에 대한 호기심이거나 시간과 화친하려는 아픔과의 이해다. 삶의 환란과 고뇌를 미적 감성으로 극복하려는 언어의 의지가 꿋꿋하다.

유언년 시인이 발산하는 삶의 분풀이는 꿈의 언어며 '통증의 악보' 인 시간의 가락이다. 마치 그의 시는 해그림자와 달빛을 받아 적은 삶의 교과서다. '붉은 약속' 을 사르는 하얀 겨울의 백탄(白炭)이다.

그의 시심은 시간의 발걸음에서 사뭇 피어나는 언어의 불꽃이다.

더러는 새벽의 이슬로 내리며 때로는 빨랫줄의 옷으로도 나부낀다.

그는 사람의 우물에서 시상의 물을 긷는 우물가 시인이다.

아니 마을길에 소나기 지나가면 동산에 뜨는 무지개 시인이다.

그러기에 그의 시적 불과 물은 사람의 꿈결무늬로 선명하게 투영된다.

천안에는 누나야 시인이 있다.

초판인쇄 | 2018년 6월 14일
초판발행 | 2018년 6월 15일

저　　자 | 유언년
펴 낸 곳 | 제3의 문학

주　　소 | 경기도 가평군 상면 축령로70번길 41-6
전　　화 | Seoul Office / (02)2279-3357~8
E-mail | 3munhak@hanmail.net

출판등록 | 2008. 8. 21 제1-2727호

가　　격 | 9,000원

ISBN 978-89-89629-52-8